AF263958

L⁴ h
1000

COMITÉ DÉPARTEMENTAL

DE

SECOURS AUX BLESSÉS

ET

AUX FAMILLES PRIVÉES DE LEUR SOUTIEN

Pendant la guerre

PROCÈS-VERBAL

DE LA

SÉANCE DU 10 SEPTEMBRE 1871

AURILLAC

IMPRIMERIE H. GENTET

IMP. DE LA PRÉFECTURE ET DE LA Cⁱᵉ D'ORLÉANS.

COMITÉ DÉPARTEMENTAL

DE

SECOURS AUX BLESSÉS

ET

AUX FAMILLES PRIVÉES DE LEUR SOUTIEN

Pendant la guerre.

PROCÈS-VERBAL

DE LA SÉANCE DU 10 SEPTEMBRE 1871.

L'an mil huit cent soixante-onze et le dix septembre, dans la grande salle de la Mairie d'Aurillac, le Comité départemental de secours, s'est réuni sous la présidence de M. de PARIEU.

Ont pris place au bureau : MM. BUCHMUILLER et DELZONS, vice-présidents, TOUATRE, trésorier et J. CABANES, secrétaire.

Étaient présents : MM. RÉVEILHAC, DUCLOS, LAMOUROUX, DE CLAVIÈRES et TOURDES.

M. le Président, après avoir rappelé le but de l'institution du Comité départemental, annonce que les fonds mis à sa disposition sont épuisés et qu'il y a lieu de procéder à l'examen et à l'épurement des comptes.

(4)

Pour rendre cet examen plus facile, M. Delzons, l'un des vice-présidents, avait bien voulu se charger de présenter un rapport complet sur l'ensemble des opérations confiées au bureau ; M. le Président l'invite à donner lecture de son travail.

M. Delzons s'exprime en ces termes :

Messieurs,

Vous avez bien voulu confier à votre bureau le soin de faire, sur les bases que nous avions discutées et arrêtées en commun, la distribution des sommes qui avaient été mises à la disposition du Comité par l'Etat, et de celles qu'il avait pu recueillir par sous-criptions dans tout le département.

Le moment est venu de vous rendre compte de nos opérations qui ne demandaient pas de grands efforts d'intelligence, mais qui, par contre, entraînaient un travail matériel assez considérable et exigeaient des soins arides et minutieux.

C'est au mois d'août 1870, année néfaste entre toutes, que M. le Préfet nous a réunis en nous remettant sans réserve la libre disposition d'une somme de 19,000 francs que l'Etat avait allouée à notre département sur le fonds de cinquante millions que les Chambres avaient voté pour alléger les souffrances résultant pour les familles pauvres de l'appel sous les drapeaux de la majeure partie des hommes valides, et qui bien certainement a reçu un autre emploi, au moins dans une large mesure.

Aussitôt constitué, votre bureau a adressé à tous les Maires du département une circulaire conçue en termes chaleureux, pressant la création, dans chaque commune, d'un Comité local qui aurait eu la double mission de provoquer des souscriptions pour accroître nos ressources et d'instruire avec le plus grand soin toutes les demandes qui nous seraient adressées.

Cet appel de notre Comité, nous devons le dire, n'a pas obtenu tous les bons résultats que nous étions en droit d'en attendre.

Déjà quelques Maires avaient pris l'initiative de souscriptions dont le montant, versé à la Recette générale, a dû être adressé à la Commission de répartition que préside M. le Ministre des Finances, ou réparti entre les Sociétés de secours qui s'étaient donné la pénible mission de suivre les armées, et de suppléer à l'insuffisance des ressources de l'administration auprès des blessés.

Quelques communes seulement ont fait parvenir à notre Trésorier le produit de leurs souscriptions, et, grâce surtout à la ville d'Aurillac qui, dans ces douloureuses circonstances, a montré une générosité patriotique, nous avons pu réunir la somme de 15,263 fr. 95 c.

Nos ressources se composaient donc :

1° De la somme de 19,000 fr., montant des allocations de l'Etat, ci................. 19,000 f. » c.

2° De celle de 15,263 fr. 95 c., montant des souscriptions particulières, ci....................... 15,263 95

Ce qui fait une somme totale de trente-quatre mille deux cent soixante-trois francs quatre-vingt-quinze centimes, ci....................... 34,263 f. 95 c.

Obligés de nous conformer aux règles de comptabilité dont l'administration ne peut se départir, alors même qu'elle abandonne une partie de ses prérogatives, nous avons dû conserver distinctes et séparées les deux sommes qui forment le total ci-dessus, non pas relativement au mode d'instruction des demandes de secours qui a toujours été le même, mais relativement au mode de paiement des allocations.

Voici comment nous avons procédé :

Dès le début, le Comité avait fait imprimer une formule de certificats, dont des exemplaires ont été envoyés dans toutes les communes,

Ces certificats étaient remplis par le Comité local, sous l'attestation du Maire de la commune, et faisaient connaître :

1° Les noms et prénoms des militaires dont l'absence motivait la demande, le corps dans lequel ils servaient, la classe à laquelle ils appartenaient, et en quelle qualité ils étaient sous les drapeaux ;

2° La composition de la famille à secourir (femmes, enfants, père et mère), le montant des contributions payées par elle et, autant que possible, les autres ressources sur lesquelles elle serait en droit de compter.

Malgré toutes nos recommandations, bien des irrégularités se sont produites dans les demandes, au début surtout, et nous avons dû en renvoyer un très grand nombre à MM. les Maires, avec une note indiquant les rectifications à faire, les justifications à compléter.

Quelquefois aussi, en l'absence des Comités locaux, nous avons dû faire fléchir la règle que nous nous étions imposée.

Nos distributions, commencés dès les premiers jours de septembre 1870, se sont continuées régulièrement jusqu'à la fin d'avril 1871, et ont été closes définitivement à la fin d'août par la répartition de quatre cents francs qui restaient en caisse.

Convaincus que des secours, même de peu d'importance, quand ils sont renouvelés plusieurs fois, apportent dans les familles pauvres un soulagement plus réel et souvent plus certain qu'une seule allocation, fût-elle supérieure à ces allocations successives, frappés, d'un autre côté, de ce fait saillant que, dans les premiers mois, il ne nous était arrivé de demandes que d'un certain nombre de communes plus voisines de nous, ou administrées par des Maires plus vigilants, nous avons procédé avec une extrême prudence, et, grâce à cette méthode, nous avons pu donner les secours les plus élevés pendant les mois les plus rigoureux de cet hiver qui a légué à la France les plus tristes souvenirs de son histoire.

Le nombre des familles qui ont pris part à nos distributions est de 762 ; le nombre des allocations, de 1784.

Les 19,000 fr. provenant de l'État ont été distribués en mille allocations ou mandats, savoir :

833 mandats de 10 à 20 fr.,
    montant ensemble à, ci.   12,894 fr.
166 mandats de 25 à 45 fr.,
    montant à, ci.   5,986   } 19,000 fr.
  1 mandat exceptionnel de
    120 fr., ci.   120

L'emploi de la somme de 15,263 fr. 95, provenant des souscriptions particulières et sur laquelle nous avons dû prélever pour frais divers 288 fr. 95, ce qui la réduit à 14, 975 fr., a donné lieu à 781 allocations, savoir :

429 de 10 à 20 fr., montant à, ci.   5,730 fr.
329 de 25 à 45 fr., montant à, ci.   7,535   } 14,975 fr.
 23 au-dessus, montant à, ci..   1,710

Notre bureau se réunissait toutes les semaines, et pendant l'hiver deux fois par semaine, pour examiner les demandes qui lui étaient adressées, soit directement, soit par l'intermédiaire de la Préfecture qui mettait beaucoup d'exactitude à nous les renvoyer.

Toutes les demandes, classées selon leur date, rece-

vaient, au moment de l'examen, un numéro d'ordre
et étaient consignées avec ce numéro sur un registre
tenu jour par jour par le Secrétaire du Comité.

Quand elles étaient accueillies, la somme allouée
était consignée sur le certificat avec la date de la
séance, sous la signature du Président ou de l'un des
Vice-Présidents et celle du Secrétaire.

Tous ces certificats ont été conservés avec soin,
comme pièces justificatives et moyen de vérification

Quand les allocations portaient sur les fonds de
l'État, on en dressait, à la fin de chaque séance, un
bordereau qui était signé par les membres présents
et remis à la préfecture. C'est sur ce bordereau que
M. le Préfet faisait établir les mandats de paiement
qu'il envoyait lui-même aux Maires des communes
où résidaient les impétrants.

Mille mandats, faits et signés par M. le Préfet et délivrés aux familles secourues, ont été acquittés par
MM. les Percepteurs et sont rentrés à la Recette générale qui les acceptait comme pièces comptables.

Pour cette partie de nos opérations les justifications
sont donc celles-ci :

A la Préfecture se trouvent les bordereaux qui ont
servi à l'établissement des mandats de paiement;

A la Recette générale sont réunis tous les mandats
délivrés par M. le Préfet et acquittés par les Percepteurs, sans déplacement pour les familles secourues;

Et dans nos archives se trouvent, conservés par numéro d'ordre, tous les certificats, c'est-à-dire toutes
les demandes qui nous sont parvenues, portant toutes
les allocations successives qui ont été accordées.

Quand il s'est agi de la distribution des fonds provenant des souscriptions, nous avons opéré de la même
manière, avec cette seule différence que les mandats,
au lieu d'être signés par M. le Préfet, portaient la signature de notre Président et étaient détachés du certificat.

Notre Trésorier dressait un bordereau des allocations accordées dans chaque séance et le déposait, avec la somme qui en formait le total, à la Recette générale.

Les mandats étaient ensuite adressés à MM. les Maires, et, acquittés par les Percepteurs, ils rentraient à la Recette générale.

Quelques-uns seulement, pour la ville d'Aurillac et quelques communes voisines, ont été acquittés directement par notre Trésorier.

Pour cette seconde partie de nos opérations les moyens de contrôle conservés et mis à votre disposition sont donc :

Le registre des allocations accordées séance par séance, tenu par notre Trésorier avec une exactitude et une méthode parfaites ;

Les certificats qui reproduisent ces allocations ;

Les bordereaux délivrés à la Recette générale ;

Et les mandats rentrés après acquittement.

Après vous avoir rendu compte de toutes les opérations que vous aviez bien voulu nous confier, il nous sera permis de vous dire que ces distributions ont produit un bien réel et qu'en allégeant des souffrances parfois bien tristes, elles ont laissé dans les familles le bienfaisant souvenir d'une sollicitude que les délaissés de la fortune comprennent et sentent bien plus qu'ils ne le laissent paraître.

C'est à vous maintenant, Messieurs, qu'il appartient d'apurer définitivement nos comptes, en acceptant les tableaux que nous avons préparés à cet effet, ou de nommer une Commission pour vérifier l'exactitude et la parfaite concordance des faits consignés dans le rapport avec les pièces qui ont été conservées comme moyen de contrôle.

Après cela, cependant, votre mission ne sera pas encore complètement remplie.

Il paraît que la Commission chargée de la répartition des fonds votés au mois d'août 1870, peut encore disposer de quelques milliers de francs qu'elle a l'intention de distribuer aux familles des militaires qui ont succombé pendant la guerre, ou dans la lutte engagée sous les murs de Paris, et que, d'un autre côté, le fonds de secours provenant des souscriptions patriotiques ou étrangères, centralisées au Trésor public, n'est pas entièrement épuisé

Sans mettre des fonds à votre disposition pour cet objet, cette Commission, présidée par M. le Ministre des finances, fait appel à votre dévouement et désire que les Comités départementaux recherchent et lui signalent par des listes nominatives les familles qui pourraient réclamer encore à l'un de ces titres les secours inscrits au budget de l'État, ou ceux provenant des souscriptions patriotiques.

La première catégorie doit comprendre :

1° Les veuves et orphelins qui attendent la liquidation de leurs pensions légales ;

2° Les familles qui ont perdu pendant la guerre ou dans l'armée de Paris, ou qui ont encore sous les drapeaux des fils, frères ou autres parents dont le travail était leur principale ressource.

La seconde catégorie devait comprendre principalement les militaires blessés devant l'ennemi, qui n'ont pas droit à une pension de retraite ou dont la pension n'est pas encore liquidée, et leurs familles.

C'est ce qui nous a paru résulter de la lettre que M. le Ministre des finances a adressée à M. le Préfet, sous la date du neuf août, et que ce magistrat nous a transmise le 18.

Le Comité passe ensuite à l'examen des comptes présentés par M. le Trésorier, au nom du bureau, et vote leur adoption pure et simple.

Un membre se plait à rendre hommage au zèle et à l'activité de M. le Trésorier et du bureau tout entier ;

il fait remarquer que le rapport de M. Delzons est un historique complet de toutes les opérations du Comité, il pense que ce document important par le fonds et remarquable par la forme doit être publié. Il voudrait qu'il pût être lu par tous, aussi bien par ceux qui ont profité des secours distribués par le Comité, que par ceux qui ont bien voulu verser dans sa caisse leurs dons patriotiques.

Il propose l'insertion au journal du Procès-Verbal de la séance, et l'envoi à tous les Comités communaux d'un exemplaire du rapport.

Cette proposition est adoptée par acclamation, et la séance est levée.

Les membres du Bureau,

H. DE PARIEU, *Président ;*

BUCHMUILLER, curé de St-Géraud, *Vice-Président ;*

DELZONS, notaire, *Vice-Président ;*

CABANES, avocat, *Secrétaire ;*

TOUATRE, capitaine en retraite, *Trésorier.*